AF257341

PANÉGYRIQUE

DU

VÉNÉRABLE PÈRE BARRÉ

PANÉGYRIQUE

DU

VÉNÉRABLE PÈRE BARRÉ

Fondateur des Sœurs de l'Instruction charitable du Saint Enfant Jésus,

DITES DE SAINT-MAUR

*Prononcé le 9 septembre 1875, dans la chapelle des Dames de Saint-Maur,
à la clôture de la retraite des Supérieures,*

PAR MONSEIGNEUR VAUTREY

A fructibus eorum cognoscetis eos...
Vous les reconnaîtrez à leurs fruits...

(S. Matth.)

Mes bien chères Sœurs.

Le siècle de Louis XIV a été un grand siècle, non pas
seulement par les grands poëtes, par les peintres illustres,
par les guerriers célèbres qu'il a produits ; mais il a été
surtout grand devant Dieu et devant l'Église par les saints
qui l'ont illustré et par les œuvres de charité, de dévouement qui ont apparu à cette époque privilégiée. Je ne vous
rappellerai pas saint François de Sales et sainte Jeanne de
Chantal donnant à l'Église et au monde l'ordre admirable
de la Visitation ; et le vénérable M. Olier et le grand
séminaire de Saint-Sulpice devenu une pépinière féconde
de saints et dignes prêtres ; et saint Vincent de Paul faisant

à quelques pas de vous les prodiges de sa charité, instituant les retraites pour le clergé, multipliant les missions, recueillant partout autour de lui les enfants abandonnés et leur donnant de nouvelles mères, si bien appelées les sœurs de charité; et le Vénérable de La Salle faisant comme surgir des légions de maitres chrétiens, dévoués à la jeunesse qu'ils forment pour Dieu, à la science et à la vertu; et, dans la chaire de Versailles, Bossuet faisant retentir le tonnerre de sa parole apostolique, et Fénelon révélant à la France les trésors de la miséricorde et de la mansuétude chrétiennes.

Ce sont là de grands noms, de grandes mémoires, les flambeaux lumineux qui resplendissent encore de nos jours, après deux siècles de lumières et d'éclat.

Mais à côté de ces grands bienfaiteurs de l'humanité, connus et aimés de tous, je voudrais, mes bien chères sœurs, placer cet humble et pauvre religieux qui s'est fait si petit que le monde a peine à garder sa mémoire, mais que vos cœurs et la reconnaissance de l'Église entourent à juste titre d'une si grande vénération. Le vénérable P. Barré, fondateur de votre congrégation, n'a-t-il pas une place marquée dans ces pieux exercices qui vous rassemblent sous l'œil de Dieu ? Sa mémoire n'est-elle pas chère à chacune de vous, et ne bénissez-vous pas chaque jour l'homme de Dieu à qui vous devez vos saintes règles, l'esprit qui vous anime, l'œuvre sainte à laquelle vous avez voué toutes les forces de votre vie?

Rappelons donc, dans le recueillement et les douces joies de ce jour, les vertus et la vie de votre saint fondateur. Dans la famille, au milieu du monde, on ne se lasse point de vénérer et de rappeler aux enfants le nom et les mérites du père qui n'est plus ; c'est un culte qui répond aux plus nobles sentiments du cœur humain. Comment, dans la famille religieuse du P. Barré, son nom, sa vie merveilleuse, ses vertus si excellentes ne seraient-ils pas rappelés sans cesse et transmis d'âge en âge comme le plus cher trésor ?

Le P. Nicolas Barré naquit donc à Amiens, à quelques pas de cette porte où le grand thaumaturge des Gaules, saint Martin, avait rencontré le mendiant et lui avait donné son manteau.

C'était le 20 octobre 1621. Ses parents étaient de ces fermes chrétiens des anciens jours qui servaient Dieu dévotement et cherchaient avant tout à faire leur salut. Leur fils reçut au berceau les enseignements de la sainte Église. Il grandit en balbutiant les noms bénis, et ses premières paroles furent des prières qu'il partageait avec sa pieuse mère. A dix ans, son intelligence et sa ferveur purent s'élever jusqu'au vœu de virginité qu'il fit en pleine connaissance de cause et auquel il resta fidèle jusqu'à la mort. Dieu l'avait prédestiné, et il était parmi ces enfants de grâce que Dieu réserve à la terre aux jours de ses grandes miséricordes. Chez les jésuites d'Amiens, le jeune Barré brillait autant par les talents remarquables de son intelligence que par les vertus et la piété dont il donnait à tous le plus parfait modèle.

L'enfant avait grandi et déjà le monde s'apprêtait à lui ouvrir les carrières les plus honorables. Barré avait d'autres ambitions, et il visait plus haut. Une voix avait parlé à son cœur dans le secret de la prière, voix divine, voix mystérieuse, voix très-douce et très-aimée ; il avait écouté cette voix qui l'appelait dans le cloître, et voilà que tout

à coup, laissant là ses parents et sa famille, les espérances
du siècle et les promesses de la terre, dédaignant même les
abbayes où la vie eût été plus facile et le service de Dieu
moins pénible et plus éclatant, sans songer aux cathédrales
où il eût pu siéger au milieu des chanoines et des dignités
de l'Église, il frappe à la porte des humbles religieux de
saint François de Paule. Ce sont les *minimes*, les plus petits
dans la famille cénobitique ; ils sont pauvres, ils vivent
dans les rigueurs de la pénitence et dans les austérités de
la retraite. Barré sera *minime ;* et le 31 janvier 1649, dans
ce monastère de Chaillot qui a laissé ses ruines à quelques
pas d'ici, il prononçait ses vœux, qui l'attachaient pour toujours à la pratique de la pauvreté, de la chasteté et de l'o-
béissance. Sa piété, se développant à l'aise dans cette sainte
maison, avait des caractères qui en trahissaient l'excel-
lence, je dirai plus, l'héroïsme. Fidèle au précepte du Maître qui nous invite à prier sans cesse, le pieux religieux ne
savait quitter l'oraison. Sans cesse il était en la présence
de Dieu, à qui il rapportait tous les mouvements de son
cœur. Il vivait à genoux, dans une adoration perpétuelle
de la présence de Dieu. Dans sa cellule, il ne quittait pas
cette posture qui marquait son recueillement et son atten-
tion aux choses de Dieu. Comme saint Philippe de Néri
sentant sa poitrine se dilater sous les aspirations et dans
les ardeurs de sa prière ; comme saint François Xavier
entr'ouvrant ses vêtements pour laisser s'échapper le feu qui
enflammait son cœur d'un amour pour Dieu que rien ne
pouvait éteindre : ainsi le pieux minime avait des ardeurs
dans la prière qui agitaient son cœur tout embrasé de l'a-
mour divin. La nuit était pour le P. Barré l'heure de ses
longues stations devant le Très-Saint Sacrement. Il s'y con-

sumait en aspirations ardentes et en prières prolongées
pour les pauvres pécheurs. Ses larmes coulaient avec abon-
dance et souvent on le surprenait à l'aurore, étendu, les
bras en croix, sur le pavé du sanctuaire.

On comprend que, préparé de la sorte, le saint religieux
ait fait des prodiges pour la conversion des âmes. Sa grande
fonction au couvent, c'était de recevoir les pécheurs au saint
tribunal de la pénitence. On s'y pressait en foule, et s'ils
se fatiguaient à lui faire des aveux qui demandaient des
stations prolongées auprès du confesseur, le confesseur ne
se fatiguait pas de les entendre, de les relever, de les con-
soler. Il avait une vertu incomparable pour faire céder les
plus rebelles ; aussi, quand un pécheur s'obstinait dans son
endurcissement, on disait à Paris, en ce temps-là : « En-
voyez-le au P. Barré. »

Confesseur, le P. Barré était en même temps un grand
porteur de la parole divine. Il prêchait, comme les saints
savent prêcher, avec le feu de l'amour, avec la claire vue
de la foi, avec l'ardeur qu'inspire au ministre de Dieu la
charité du prochain. Il était encore professeur de théo-
logie, et pendant plus de vingt ans il forma des générations
de prêtres et de religieux à la science sacrée, qu'il possédait
à un très-haut degré.

Mais Dieu l'appelait à une œuvre spéciale, distincte, qui
devait réclamer de lui un dévouement de vingt années et
une sollicitude que rien ne devait lasser.

Jusqu'alors les écoles pour les enfants pauvres étaient
rares ; dans les grandes villes seulement, on rencontrait
quelques maîtres, mais en si petit nombre que la jeunesse
restait le plus souvent sans instruction religieuse. C'était
une lacune immense, un très-grand mal qui laissait dans

une profonde ignorance de la religion et des choses du salut des multitudes d'enfants abandonnés. Le P. Barré fut profondément touché de cet état lamentable. Il fallait des maîtresses au cœur assez généreux pour se dévouer à l'œuvre souvent si ingrate, toujours si pénible de l'instruction des enfants. Il fallait embrasser volontairement une vie de sacrifices et de dévouement, une vie de labeurs prolongés et de fatigues incessantes. Le P. Barré n'hésite pas. Il était à Rouen, dans cette ville privilégiée qui devait voir en même temps déployer le même zèle et les mêmes ardeurs : le P. Barré fondant les sœurs de l'instruction charitables du saint Enfant Jésus, et le vénérable de La Salle, sous l'inspiration et avec le concours du père minime, votre fondateur, dotant la France et l'Église de cet admirable Institut des frères des écoles chrétiennes.

Quelques pieuses filles répondirent à l'appel du P. Barré, et entrèrent dans la congrégation naissante. C'étaient vos mères, qui devaient recueillir des lèvres et des mains de votre saint fondateur les règles et l'esprit sur lesquels est assis l'admirable édifice de votre institut. L'œuvre grandit bientôt. Dieu bénissait tant de courage et tant de dévouement. Et comme Paris est le centre vers lequel convergent toutes les forces vitales de la France, c'est à Paris que le P. Barré transporta et fixa définitivement le centre et le cœur de sa congrégation naissante. Il y a deux cents ans, mes bien chères sœurs, deux siècles que la grande cité vit paraître dans ses murs le pauvre minime et les humbles filles de l'Enfant Jésus, car c'était à Bethléem, aux pieds de la crèche où le fils de Dieu est né dans la pauvreté, que le P. Barré avait cherché le titre et les modèles de sa chère congrégation.

Paris s'étonna de compter sous le voile de la sœur des écoles charitables de grands noms et de nobles dames. Mais déjà les écoles charitables étaient ouvertes, et les sœurs du P. Barré enseignaient dans les grandes paroisses, à Saint-Eustache, à Saint-Roch, à Saint-Laurent, dans tous ces centres populeux, à Saint-Louis-en-l'Ile, à Saint-Jean-en-Grève. Et votre noviciat, mes sœurs, et le gouvernement de votre institut, et votre première supérieure s'installaient dans cette vénérable demeure qui, après deux siècles, est encore aujourd'hui le séminaire béni d'où, comme autant d'essaims bienfaisants, vous êtes sorties pour aller porter à toute la France le bienfait de l'instruction chrétienne et le fortifiant spectacle de vos vertus.

L'œuvre était fondée. Le vénérable P. Barré lui avait donné une forme régulière, des règles admirables où l'esprit de Dieu respire avec toutes ses lumières, ses maximes qui sont la voie de la sagesse, ses lettres qui sortent du cœur et de la plume d'un saint.

L'ouvrier avait bien mérité son salaire, et il était digne du repos qu'il n'avait pas voulu connaître sur la terre. Le P. Barré était dans sa soixante-cinquième année. Vers la fin de mai 1681, il sentit les premières atteintes du mal qui devait l'emporter. Cependant il ne céda pas d'abord à la maladie. Son esprit et son cœur étaient absorbés par son cher institut. Ses dernières lettres furent pour les sœurs des écoles chrétiennes, ses dernières recommandations pour ses filles; ses dernières paroles portées à vos mères, mes sœurs, vous les connaissez : c'est une prière du saint religieux. On était à la veille de la Pentecôte; le moribond allait quitter la terre et contempler dans la gloire l'Esprit saint dont l'Église célébrait la fête. « Oh! dites-le à mes filles, leur établissement est un petit corps dans l'Église, je dirai au Saint-Esprit qu'il faut qu'il l'anime toujours ; c'est une école, qu'il en soit toujours le maître ; c'est un escadron que j'expose contre ses ennemis, qu'il soit toujours à sa tête pour le conduire. » Puis il bénit les maîtresses charitables et il rendit à Dieu sa belle et sainte âme.

Voilà quel fut votre fondateur : un saint, un de ces hommes réservés par la main de Dieu pour manifester sur la terre les œuvres de sa miséricorde ; un illustre, un grand bienfaiteur de l'humanité. Son œuvre, cet institut des écoles charitables, le **P.** Barré l'avait tirée du Sacré-Cœur de Jésus ; c'est à ce foyer ardent de la charité divine qu'il avait trouvé les premières inspirations qui le dirigèrent dans cette difficile entreprise. Aussi a-t-il inscrit en tête de ses constitutions, au premier article de vos saintes règles, cette parole remarquable : « L'institut des écoles charitables et chrétiennes a pour origine le cœur de Dieu même ; » de telle sorte que c'est avec raison qu'on vous a appelées *les filles du Sacré-Cœur de Jésus*, les sœurs des écoles royales *du Sacré-Cœur de Jésus*. Sorti du cœur de Dieu même, votre institut ne pouvait périr. Aussi, voyez comme ce grain de sénevé a grandi et comme il a bientôt couvert de ses fruits et de son ombre bienfaisante, de ses rameaux vigoureux cette terre chrétienne de France.

Vous êtes à Saint-Cyr, où Louis XIV vous appelle pour asseoir les premiers fondements de cette célèbre maison. Mais l'éclat de la cour, le bruit des splendeurs de la terre vous effrayent ; vous vous sentez mal à l'aise au milieu de ces mille voix de la cour qui retentissent si près de vous ; aussi vous vous hâtez de remettre en d'autres mains la maison royale, et vous retournez sans bruit à vos écoles chrétiennes

et charitables. Le champ de votre dévouement s'est ouvert ;
il se déploie et croît chaque jour. Voici la duchesse de Guise
qui vous appelle dans toutes les villes et bourgades de ses
immenses propriétés. Vous êtes aux pieds de Notre-Dame-
de-Liesse. Louis XIV vous envoie dans ces contrées, où les
conversions abondent; mais pour consolider et assurer cette
œuvre réparatrice, vous voilà à Bordeaux, à Toulouse, à
Nîmes, à Montpellier, à Toulon, à Marseille ; vous voilà
partout sur ce sol béni de votre France. L'arbre a grandi
et il couvre de ses branches les oiseaux du ciel. Mais voici
venir le grand cataclysme qui, à la fin du siècle dernier,
s'abat sur la fille aînée de l'Église.

Pauvre France ! que de ruines en quelques années ! que
d'institutions séculaires disparaissent ! Où sont ces anti-
ques abbayes, la gloire de l'Église et de la France ? elles
sont tombées, et rien n'a pu les sauver de cette lamentable
ruine. Mais votre institut, mes sœurs, que devenait-il, au
milieu de cette immense et universelle destruction de toutes
les œuvres de Dieu dans votre patrie ?... Il devait, lui
aussi, encourir la haine et la réprobation des méchants ; il
en était digne, et c'est votre gloire, mes sœurs, d'avoir
souffert la persécution pour le nom de Jésus. Votre maison-
mère, cet asile où votre congrégation s'était formée, di-
latée, multipliée, fut fermée, dilapidée, réduite aux simples
murailles. Partout vos sœurs durent se cacher, dépouiller
leur saint habit, chercher dans la retraite la plus profonde
un abri contre la guerre jurée aux filles du Sacré-Cœur de
Jésus. Mais même dans cette obscurité et dans ce silence,
vos sœurs surent travailler au salut et à l'instruction chrétienne des âmes. Partout où elles se trouvaient cachées, elles
réunissaient les enfants autour d'elles et leur donnaient avec

une constance admirable les leçons qui devaient préparer leurs cœurs au grand acte de la première communion. Les prêtres avaient dû fuir sous les menaces de mort qui les poursuivaient partout. Vos sœurs les remplaçaient dans l'enseignement de la religion, dans la visite des malades, dans le dévouement à tous ceux qui souffraient et qui demandaient les forces et les consolations de la prière et de la vertu. Et tandis que dans les rangs du clergé et des ordres religieux l'Église avait à déplorer de tristes défections, l'institut des sœurs charitables du saint Enfant Jésus opposait aux menaces et aux promesses de l'impiété triomphante la plus inébranlable fidélité dans le devoir, dans le dévouement, dans la pratique des vertus et des saintes règles. Toutes vos sœurs, sans aucune exception, restèrent inébranlables dans le service de Dieu et des pauvres. Enfin la paix fut rendue à la France et à l'Église, mais les ruines demeuraient, et tant de maisons religieuses dont la célébrité s'imposait à l'admiration du monde entier restaient solitaires et désertes. Et cependant le petit Institut du P. Barré reparaît avec une vie et une force qui étonnent après tant d'années de deuil et de tristesse. La vénérable Mère Adalbert vivait encore; Dieu la conservait à votre institut pour être comme le tabernacle vivant où demeuraient déposées les tables de vos saintes traditions. Elle avait autour d'elle quelques anciennes, pénétrées comme elle du même zèle et du même attachement à votre institut. Elle eut assez de force, quoique cassée par l'âge, par les infirmités de la vieillesse et par les coups de la persécution, pour relever cette maison, et put quitter joyeuse la terre de cet exil, parce que ses yeux avaient vu revivre la congrégation des sœurs de l'instruction charitable du saint Enfant Jésus.

Et depuis, mes sœurs, Dieu a béni votre œuvre; vos maisons se sont multipliées; et aujourd'hui elles couvrent de leur influence bienfaisante et chrétienne presque tous les diocèses de France. Ce n'est pas assez. Vos sœurs sont dans les Indes et au Japon, et le P. Barré a des filles jusqu'aux extrémités de l'Orient.

Ce n'est pas tout. Il manquait à votre institut cette sanction suprême qui est le gage de la durée et de la vitalité pour les œuvres chrétiennes. Rome vit un jour arriver, portant en mains vos saintes règles, votre Révérende Mère générale. Elle venait soumettre à l'approbation du souverain Pontife l'institut des sœurs de l'instruction charitable du saint Enfant Jésus. On ne put qu'admirer, que vénérer vos saintes règles, sorties de la plume et du cœur d'un saint. L'approbation eut un caractère de promptitude et de faveur marquées. Désormais votre institut était attaché au roc inébranlable de Pierre par ces liens indissolubles qui bravent tous les orages.

Gloire à Dieu ! Reconnaissance éternelle à l'immortel Pontife qui a comblé de ses dons votre institut et vos sœurs ! Mais aussi, mes sœurs, permettez-moi d'être ici, à cette heure solennelle, l'interprète de vos cœurs reconnaissants. Grâces soient rendues à cette mère intrépide et courageuse qui, n'écoutant ni son âge ni les fatigues, est allée porter à Rome vos prières et vos supplications! Que Dieu la garde de longues années encore à la tête de votre congrégation, qu'elle édifie par ses vertus et par ses exemples ! Qu'il allège, ce divin Maître, le fardeau qu'elle porte si courageusement et dont vous diminuez le poids, mes sœurs, par votre affection si profonde, par votre vénération, par votre dévouement envers cette vénérable supérieure. Et maintenant, mes sœurs, retournez dans vos maisons qui vous attendent avec tant d'impatience. Vous emporterez avec vous, comme votre plus cher trésor, le nom du P. Barré. Vous l'aimerez et vous le ferez aimer autour de vous. Vous l'imiterez ; et vous rappelant qu'il a été humble, petit, le minime, vous resterez fidèles toujours à cette humilité de votre vocation.

C'est aux petits qu'appartient le royaume des cieux. Vous êtes les filles du Sacré-Cœur de Jésus. A vous la récompense éternelle.

Ainsi soit-il.

Sceaux. — Typ. et stér. M. et P.-E. Charaire.

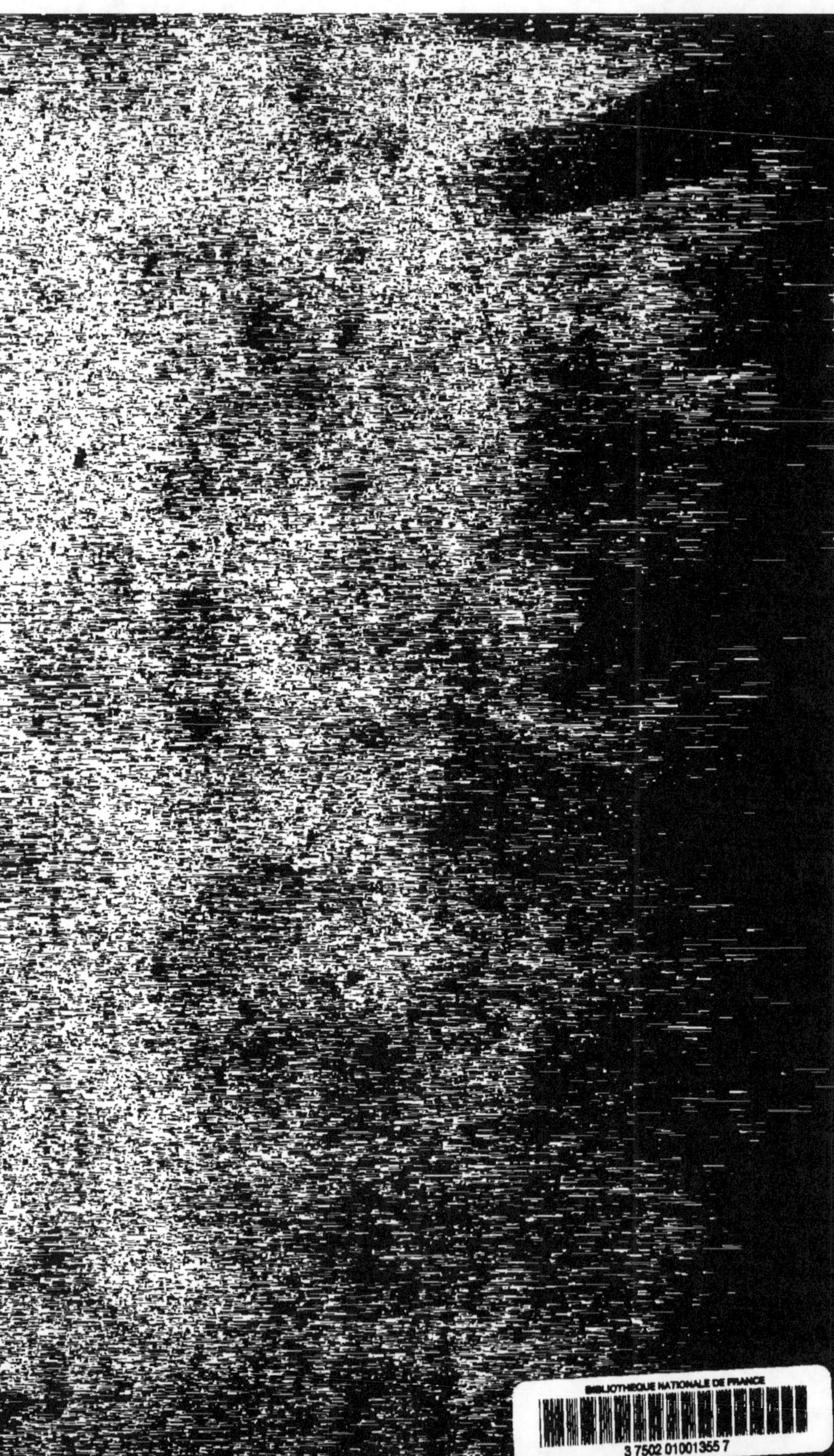
BIBLIOTHÈQUE NATIONALE DE FRANCE
3 7502 010013557